Michael W. Brandt

OLDENBURG

Gestern und heute. Eine Gegenüberstellung

Wartberg Verlag

Fotonachweis:
Historische Schwarzweißaufnahmen: Stadtmuseum Oldenburg;
Abbildung 23 oben: Bildarchiv der Oldenburgischen Landschaft; Farbaufnahmen: Michael W. Brandt.

1. Auflage 1997

Druck: Werbedruck Schreckhase, Spangenberg
Buchbinderische Verarbeitung: Hollmann, Darmstadt

34281 Gudensberg-Gleichen, Im Wiesental 1, Tel. 05603 / 4451 u. 2030
ISBN 3-86134-397-5

Vorwort

Veränderungen in unserer näheren Alltagsumwelt erfolgen in der Regel nicht durch plötzlich eintretende Umbrüche, sondern geschehen langsam und damit fast unmerklich. Zum unmittelbaren täglichen Lebensbereich gehört sicher auch die Stadt in der wir leben. Natürlich ist uns bewußt, daß sich im Laufe der Zeit hier vieles verändert hat. Gebäude, deren Anblick uns selbstverständlich war, sind verschwunden und durch neue ersetzt worden. Straßen wurden verbreitert oder zu Fußgängerbereichen umgestaltet und erhielten dadurch ein völlig neues Gesicht. Nur selten wird uns bewußt, wie schnell wir uns an die neuen Eindrücke gewöhnen und ebenso selten haben wir die Möglichkeit, das heutige Aussehen mit dem der Vergangenheit direkt zu vergleichen.

In diesem Band wird der Versuch unternommen, markante Punkte des Oldenburger Stadtbildes anhand von historischen und zeitgenössischen Aufnahmen gegenüberzustellen, um die Veränderungen zu dokumentieren. Für die Farbaufnahmen, die sämtlich im Sommer 1997 entstanden, wurde nach Möglichkeit der gleiche Standort gesucht, den schon der Fotograf der historischen Aufnahme gewählt hatte. Dies war nicht immer exakt möglich, da sich die topographische Situation in einigen Fällen völlig verändert hatte. Betrachtet man die Gegenüberstellungen, so wird deutlich, in welch starkem Maße sich das Oldenburger Stadtbild in den letzten fünfzig bis neunzig Jahren verändert hat. Und man wird in einigen Fällen, zum Beispiel beim Schloßplatz, das Verlorene beklagen. Es wird aber ebenso deutlich, daß sich manches gegenüber der sogenannten „Guten Alten Zeit" auch positiv verändert hat. Vielleicht trägt dieser kleine Bildband dazu bei, daß wir nicht nur unser Stadtbild neu entdecken, sondern daß wir in Zukunft überlegt und verantwortungsbewußt bei der Bewahrung und Neugestaltung des Oldenburger Stadtbildes – und damit der besonderen Atmosphäre dieser Stadt – vorgehen.

Allen, die beim Zustandekommen dieses Bandes mitgeholfen haben, sei an dieser Stelle noch einmal herzlich gedankt. Ein besonderer Dank gilt Udo Elerd vom Stadtmuseum Oldenburg für seine stete Hilfsbereitschaft.

Michael W. Brandt

In den fünfziger Jahren zeigte sich der südliche Stadteingang Oldenburgs von der Hekt ik des modernen Verkehrs noch weitgehend ungestört. Im Vordergrund ist die 1927 von Adolf Rauchheld errichtete Cäcilienbrücke mit den beiden stadtseitigen Hubtürmen zu erkennen. Der Blick wird über die Straße „Damm“ in Richtung Stadtzentrum geführt. Zwei der für das Oldenburger Stadtbild so prägenden klassizistischen Bauten zeigen sich hier noch in ihrem ursprünglichen Zustand. Am Ufer liegt rechts das mit großer Sicherheit Heinrich Strack d. Ä. zuzuschreibende, 1834 für

Ernst Justus Georg Schmidt errichtete Bürgerhaus, das heute Teil des Staatsarchivs ist. Ihm gegenüber liegt die ehemalige Kastellanei, 1840–42 von Strack und Hero Diedrich Hillerns erbaut. 1906 umgebaut, beherbergt das Gebäude heute das Veterinäruntersuchungsamt.

Nur wenig hat sich das Hunteufer im unteren Abschnitt der Elisabethstraße verändert. Die um 1870 entstandene Aufnahme zeigt das 1865 bis 1867 von Ernst Klingenberg als einer der frühen Galeriebauten in Deutschland errichtete Augusteum noch mit der umlaufenden Balustrade und dem umfangreichen Figurenzyklus auf dem Dach. Balustrade und Figuren wurden – angeblich aus Sicherheitsgründen – bereits 1875 wieder entfernt.

Verschwunden ist auch das links neben dem Augusteum gelegene, mit seiner Fassade dem Prinzenpalais am Damm zugewandte alte Posthaus. Bereits 1794 als Wohnhaus errichtet, wurde es 1801 aufgestockt und diente bis 1820 als erstes oldenburgisches Posthaus. Von 1820 bis 1867 war hier die Cäcilienschule untergebracht. 1977 erfolgte der Abbruch.

LANDESMUSEUM

Völlig verändert hat sich die städtebauliche Situation im Bereich des Paradewalls. Aus der beschaulichen, den Huntelauf begleitenden Baumallee ist mittlerweile eine stark befahrene Hauptverkehrsstraße

geworden. Die Aufnahme links zeigt den Ausgang des Paradewalls zum Schloßgarten vor der Umgestaltung von 1959, rechts der heutige Zustand mit dem Versuch eines verhaltenen Rückbaus der Straße.

Die um 1870/80 entstandene Aufnahme zeigt das 1821–26 von Heinrich Carl Slevogt errichtete Palais am Damm bereits mit dem Anbau von 1860/63. Der Vergleich mit der heutigen Situation macht deutlich, wie

stark sich der Bereich Huntebrücke, Damm und Huntestraße verändert hat. Im Zuge des Ausbaus der Huntestraße wurde aus der beschaulichen Hunteüberquerung ein moderner Verkehrsknotenpunkt.

Wie der Paradewall, so ist auch die Huntestraße kaum wiederzuerkennen. Ein Vergleich der *Aufnahme oben links* mit der heutigen Situation *(Aufnahme rechts)* zeigt dies allzu deutlich: Die Baumreihe an der Hunte wurde gefällt und die Straße zweispurig ausgebaut. Zusätzlich mußten auch schmerzliche Eingriffe in die Bausubstanz verkraftet werden: So wurde das 1893 in Anlehnung an die Renaissancearchitektur errichtete repräsentative Giebelhaus der Landesversicherungsanstalt 1973 „zugunsten“ eines voluminösen Baukörpers abgetragen. Die *Aufnahme unten links* zeigt die umfangreichen Erdbewegungen beim Umbau der Huntestraße um 1963/64.

1907 entstand diese Ansicht der Huntestraße. Sie zeigt die Hunte kurz vor der Einmündung in den Stauhafen. Geradezu idyllisch mutet der Wechsel zwischen den kahlen Baumstämmen des Paradewalls und den Masten der Kähne im Hafen an. Welch anderes Bild bietet sich dem Betrachter

dagegen heute! Das Hafenbecken und die Hunte sind teilweise zugeschüttet, an die Stelle der alten Bebauung sind moderne, nicht immer gelungene Gebäude getreten.

Einen Eindruck von dem geschäftigen Treiben und dem regen Warenumschlag am Stauhafen vermittelt die in den dreißiger Jahren entstandene *Aufnahme oben*.

Wie das *rechte Foto* belegt, hat sich trotz aller Veränderungen ein wenig von dem alten Hafencharakter bis heute erhalten. Selbst solche Details wie der auf Schienen gelagerte Ladekran haben die Zeiten überstanden.

Vom Stauhafen aus geht der Blick über den Stau zur Kreuzung der Straßenzüge Staugraben/Staulinie, Gottorpstraße und Ritterstraße. In der Häuserflucht rechts ist deutlich die 1800 durch Joseph Bernhard Winck errichtete ehemalige Bullingsche Zuckerfabrik mit ihrem charakteristi-

schen Giebel zu erkennen. Daneben erhebt sich das 1862 in historistischen Formen zum Hôtel de Russie umgebaute ehemalige Egloffstein-Palais. 1966/67 mußte der 1804 wohl ebenfalls durch Winck errichtete Bau der neuen Straßenführung weichen.

Das vor 1933 entstandene Foto zeigt den ehemaligen Stadtgraben mit den beiden Straßenzügen Staugraben (links) und Staulinie (rechts). Im Hintergrund ist anstelle des von Hero Diedrich Hillerns errichteten Posthauses die 1903 von den Architekten Hake und von Rechtenberg erbaute ehemalige Kaiserliche Oberpostdirektion (heute Fernmeldeamt) zu erkennen. Die wenig geglückte Neubebauung des Staugrabens und der Ausbau der beiden parallel zum Stadtgraben verlaufenden Straßenzüge zu Hauptverkehrsachsen prägen heute das Bild in diesem Bereich der Stadt.

Menschenleer, in fast dörflicher Idylle, präsentiert sich ein Kernstück der Oldenburger Innenstadt in dieser kurz nach 1910 entstandenen Aufnahme. Aus der Wallstraße blickt der Betrachter über die Lange Straße hinweg auf den Lappan, das Wahrzeichen der Stadt. Heute herrscht tagsüber reger Einkaufsbetrieb auf der Lange Straße. In der Wallstraße sind bis in den frühen Morgen hinein die zahlreichen Gaststätten, Kneipen und Bistros gut besucht.

Diebels
Fasskeller
Oldenburg
Diebels

Kaum wiederzuerkennen ist heute die Heiligengeiststraße, die als Verlängerung der Lange Straße den nördlichen Stadtausgang in Richtung Pferdemarkt bildet. Die um 1890 entstandene *Aufnahme oben* zeigt die einheitliche, kleinteilige Bebauung mit Giebel- und Traufenhäusern. Im

Straßenpflaster liegen noch Schienenreste der 1884 eingerichteten Pferdebahn, deren Betrieb bereits 1888 eingestellt wurde. Große Schaufensterflächen und moderne Geschäftsbauten prägen heute das Bild der Heiligengeiststraße.

Ihrer alten Funktion als Hauptstraße der Innenstadt ist die Lange Straße treu geblieben, wenn auch zahlreiche Neubauten und Eingriffe in die alte Bausubstanz wesentlich mit zu ihrem heutigen Erscheinungsbild beitragen. Trotz aller Veränderungen ist der Lappan weiterhin der bestimmende Blickpunkt. Wie in keiner anderen Straße zeigt sich in der Lange

Straße die Entwicklung Oldenburgs von einer ehemals verträumten Residenzstadt zur modernen Großstadt. Die *Aufnahme oben links* ist gegen Ende des letzten Jahrhunderts entstanden, das *Foto darunter* zeigt die Lange Straße um 1958.

1895 entstand diese Aufnahme der Haarenstraße. Schon damals war sie eine bevorzugte Adresse für zahlreiche Ladengeschäfte und Gewerbebetriebe. Heute bildet die Haarenstraße mit das Kernstück der Olden-

burger Fußgängerzone. Noch immer prägen Schaufenster und Markisen das Gesicht dieses Straßenzugs.

Die *Aufnahme oben* zeigt die Kreuzung am Julius-Mosen-Platz um 1954. Während das 1880 errichtete Spritzenhaus der Straßenerweiterung zum Opfer fiel, beherbergt das 1869 in spätklassizistischer Form errichtete

Wohn- und Geschäftshaus auch heute noch das traditionsreiche Café Klinge. Im Hintergrund zeigt sich der Turm der katholischen Peterkirche in seiner ursprünglichen, himmelwärtsstrebenden Form.

Am Schnittpunkt zwischen Ofener und Peterstraße liegt der spitzwinkelig geschnittene Friedensplatz. 1878 wurde nach dem Entwurf des Baurates Jansen eine Siegessäule als Denkmal für die im Deutsch-Französischen Krieg von 1870/71 Gefallenen errichtet. Auf der knapp 6,5 Meter hohen polierten Granitsäule fand die Replik einer Viktoria von Christian Daniel Rauch Aufstellung. Sie wurde im Zweiten Weltkrieg eingeschmolzen. Zum Friedensengel umgedeutet, gab die Siegesgöttin dem Platz seinen Namen. Hinter dem Säulenmonument erhebt sich die 1894 für die Methodistengemeinde errichtete Friedenskirche. Der Architekt war Carl Friedrich Spieske. Wie die vor 1942 entstandene *Aufnahme oben* zeigt, war der Friedensplatz bereits damals ein Verkehrsknotenpunkt, wenn sich das Verkehrsaufkommen auch mittlerweile vervielfacht hat.

Café Re
Cafe

Um 1915 entstand die Ansicht der Peterstraße *oben*. Sie zeigt am linken Bildrand die Einfriedung und die Auffahrt zum Peter Friedrich Ludwigs Hospital. Als straßenbeherrschender Akzent dominiert der hier noch in seiner schönen schlanken Form erhaltene Turm der 1873 bis 1876 von Franz Xaver Lütz erbauten Sankt-Peter-Kirche. Nach schweren Sturm-

schäden wurde der Turmhelm 1972 in leider stark verstümmelter Form wiederhergestellt. Ein Vergleich der historischen Postkartenansicht mit der modernen Aufnahme *(rechts)* zeigt, daß sich nicht nur die Bebauung und die Straßenbreite, sondern auch die Verkehrsmittel in den letzten achtzig Jahren geändert haben.

Die historische Aufnahme des Peter Friedrich Ludwigs Hospitals entstand um 1910. Hier zeigt sich das 1838–41 durch Heinrich Strack d. Ä. errichtete Gebäude noch in seiner ursprünglichen Funktion. Heute sind in dem ehemaligen Krankenhaus das städtische Kulturzentrum Peter Friedrich Ludwigs und die Stadtbibliothek untergebracht. Im Inneren wurde das „PFL“ wiederholt umgestaltet, die beeindruckende klassizistische Fassade blieb von solchen Veränderungen glücklicherweise verschont.

Das repräsentative, 1891 bis 1893 nach Plänen von Gerhard Schnitger durch Paul Zimmer erbaute Großherzogliche Theater war sicherlich der entscheidende Anlaß für den Fotografen, diese zwischen 1914 und 1916 entstandene Ansicht des Theaterwalls als Postkartenmotiv zu wählen. Dem Theater gegenüber reihen sich die Wohnhäuser des gehobenen Bürgertums, das mit Vorliebe am Theaterwall residierte. Im Unterschied zu heute beeinträchtigte vor gut achtzig Jahren der Verkehr kaum die Wohnqualität. Die zum Foyer führende Freitreppe des Theaters mußte bereits 1959 der Verbreiterung der Fahrbahn weichen.

Viel hat sich in der Burgstraße seit ca. 1960 verändert, als die *Aufnahme oben* entstand. Zahlreiche der kleinen alten Häuser sind verschwunden und der Straßenzug bietet heute ein sehr uneinheitliches Bild, das von Baulücken und parkenden Autos geprägt wird. Doch der alte Charakter ist trotz allem noch nicht ganz verloren.

FRISUREN

Noch vor dem Bau des Klingenbergschen Westturms der Lambertikirche 1873 entstand diese frühe Aufnahme des Schloßplatzes. Sie zeigt den Platz wie er sich seit der Mitte des 19. Jahrhunderts dem Betrachter vom Paradewall bzw. von der Huntestraße aus darbot: Links das Schloß mit dem 1817 bis 1821 durch Heinrich Carl Slevogt angebauten Bibliotheksflügel, ihm gegenüber reihen sich in weitem Bogen die klassizistischen Schloßplatzbauten (v.r.n.l.: Marstall, Kavalierhaus, Schloßwache und Regierungsgebäude) auf. Im Vergleich zur heutigen Situation *(Foto rechts)* wird schmerzhaft deutlich, wie bedenkenlos diese für die deutsche Architekturgeschichte ehemals bedeutende klassizistische Platzanlage in den Jahren 1968 bis 1970 zerstört wurde.

Ebenfalls vor 1873 muß diese Ansicht der Schloßwache entstanden sein. Sie zeigt im Hintergrund rechts noch die klassizistische, von Joseph Bernhard Winck entworfene Hauptfassade der Lambertikirche. Wie in

dem vorangegangenen Panorama des Schloßplatzes fehlt auch hier der Klingenbergsche Westturm. Im Gegensatz zur Lambertikirche präsentiert sich die Schloßwache zumindest äußerlich weitgehend unverändert.

Das *Foto oben* entstand kurz vor 1912 und zeigt eine Partie am Schwanenteich im Oldenburger Schloßgarten. Im Hintergrund ist die vieltürmige Silhouette der Lambertikirche zu erkennen. Wie zu Groß-

herzogs Zeiten ist der Schloßgarten und besonders der in jüngster Zeit in seiner ursprünglichen Form wiederhergestellte Aussichtsplatz am Schwanenteich auch heute ein beliebter Treffpunkt der Schloßgartenbesucher.

Tengelmann

Der Marktplatz, das Herzstück der Stadt, mit zwei seiner bedeutendsten Bauten: Lambertikirche und Rathaus. Die *Aufnahme links* entstand im Juli 1935 und zeigt das Treiben auf dem Wochenmarkt. Zwischen Rathaus und St. Lamberti erheben sich hier noch die beiden Bürgerhäuser Markt 20 und 21, die 1956 dem Neubau des Allianzhauses weichen mußten (vgl. *Abb. oben*). Seit 1933 war der Markt Knotenpunkt der Pekohl-Omnibusse und seit den späten fünfziger Jahren wurde er zunehmend als Abstellfläche für Kraftfahrzeuge genutzt. Erst 1978/80 erhielt der Markt durch die Umwidmung zur Fußgängerzone und die einheitliche Pflasterung seine alte Urbanität zurück. Heute ist er ein nicht wegzudenkender lebendiger Treffpunkt im Zentrum Oldenburgs.